Lk. 127.

ARTICLES
PROVISOIREMENT ARRETÉS
PAR LES GENS
DES TROIS-ÉTATS
DU PAYS DE LANGUEDOC,

Par Délibération du 5 Janvier 1775,

Pour servir à l'Exploitation de la Ferme du Droit d'Equivalent, & être envoyés dans les Dioceses, au Greffe desquels les Prétendants à la Ferme pourront en prendre connoissance.

A MONTPELLIER,
De l'Imprimerie de Jean Martel Ainé, Imprimeur Ordinaire du Roi & des Etats.

M. DCC. LXXV.

ARTICLES
PROVISOIREMENT ARRETÉS
PAR LES GENS
DES TROIS-ÉTATS
DU PAYS DE LANGUEDOC,

Par Délibération du 5 Janvier 1775,

POUR servir à l'Exploitation de la Ferme du Droit d'Equivalent, & être envoyés dans les Dioceses, au Greffe desquels les Prétendants à la Ferme pourront en prendre connoissance.

CONCERNANT L'ADJUDICATION DE LA FERME

ARTICLE PREMIER.

LA Ferme sera donnée au plus Offrant & dernier Enchérisseur, en blot, pour six années, qui commenceront le premier Avril 1776, & finiront le dernier Mars 1782; & sera délivrée à celui ou à ceux qui feront la condition meilleure ; & attendu l'aug-

A

mentation du Droit fur le Cochon & le Poiffon, la premiere Offre ne pourra être au-deffous de douze cent mille livres.

II.

Les Prétendants à la Ferme, ou ceux qui fe préfenteront pour faire des Offres pour autrui, feront tenus de remettre à Monfeigneur l'Archevêque de Narbonne, Préfident, l'état des Perfonnes compofant leur Compagnie, & de leurs Cautions, lefquelles ne pourront être que des Perfonnes folvables de la Province, y ayant leurs Biens & Domicile, & de faire la remife dudit Etat duement certifié, au moins un jour franc avant celui qui fera indiqué pour la Séance où les Offres feront reçues; faute de quoi, ils ne feront pas admis à enchérir; & ce, fans préjudice de l'examen & difcuffion defdites Cautions après l'Adjudication : Et au cas, lefdites Cautions ne feroient pas trouvées folvables, ladite Ferme fera donnée au dernier Surdifant à la FoleEnchere & fans préjudice de lad. Fole-Enchere, s'il y en a, le précédent Surdifant fera tenu de foutenir la Surdite, & prendre la Ferme au prix d'icelle.

III.

Les Adjudications de la Ferme feront faites dans l'Affemblée des Etats, fans aucunes remifes préliminaires; la premiere fauf le délai d'un jour; la feconde fauf le délai de huit jours, à ce non-compris le jour defdites Adjudications, ni ceux de l'échéance des délais; aucune Offre ni Surdite ne fera reçue, lors de la premiere Adjudication, fi elle n'eft au moins de quatre mille liv. par année, ce qui reglera le tiercement & le triplement du tiercement, dans le cas où l'Adjudication n'auroit pas été faite fur un Offre de plus forte fomme.

Il

Il ne sera reçu qu'une seule Offre de tiercement, qui sera du triple de la derniere Offre par année, sur laquelle aura été faite la premiere Adjudication, & une seule Offre de triplement du tiercement, laquelle sera aussi du triple du tiercement, soit qu'il y aye eu de tiercement ou non, c'est-à-dire, de neuf fois le montant de la derniere Offre qui aura opéré la premiere Adjudication, & ne seront admises ni l'une ni l'autre desdites Offres, si elles ne sont faites ; sçavoir, celle de tiercement dans le délai du jour ci-dessus fixé, après la premiere Adjudication, avant l'heure de huit du soir, sonnant à l'Horloge de Notre-Dame des Tables, & celle de triplement, dans la huitaine après la seconde Adjudication, & avant ladite heure de huit du soir du dernier jour du délai.

S'il n'a été fait aucun tiercement ni triplement dans lesdits délais, l'Adjudication pure & simple demeurera irrévocable ; & supposé qu'il aye été fait un tiercement ou un triplement d'icelui, l'Adjudicataire avec le Tierceur, s'il y en a eu, ou le Tripleur, & seulement l'un des deux, c'est-à-dire, le Tierceur, s'il n'y a point eu de Tripleur, ou celui-ci, s'il n'y a point eu de Tierceur, seront seuls admis à concourir par simple Enchere, telle qu'elle a été ci-dessus reglée dans l'Assemblée des Etats, pour être ensuite le Bail passé à celui d'entr'eux qui aura été le dernier Enchérisseur ; dans le cas où celui qui auroit fait le tiercement en feroit le triplement sur lui-même, les Enchéres seront r'ouvertes entre lui & l'Adjudicataire : Et si l'Adjudicataire faisoit sur lui-même le tiercement & le triplement, les Encheres seront encore admises entre lui & celui qui auroit couvert l'Enchere ; de maniere

B

que l'Adjudication ne devienne définitive que sur la derniere Offre opérée par un concours effectif.

Toutes lesdites Adjudications seront faites à l'extinction de la seule flamme du dernier feu qui sera allumé, sur chaque Offre, aura brûlé en entier, & se sera éteint sans qu'il aye été fait pendant sa durée aucune Enchere.

I V.

LES Adjudicataires de ladite Ferme, la prendront à forfait & à leurs périls, risques & fortunes, pour en faire l'exploitation conformément aux présents Articles arrêtés par les Etats, sans que ledit Pays soit tenu de les admettre ou recevoir, à compter de Clerc à Maître, ni à aucune indemnité ou diminution de prix, sous quelque prétexte que ce puisse être, même des cas fortuits, prévus ou non prévus, & de toute demande directe ou indirecte qui pourroit en être faite, encore même que les Adjudicataires en fussent tenus eux-mêmes envers leurs Sous-Fermiers, & y fussent condamnés par Justice, & de toute autre maniere que ce soit ou puisse être, sauf les deux cas de peste ou de guerre guerroyante; auxquels deux cas seulement, ils ne pourront prétendre de diminution qu'à proportion de la non-jouissance des lieux qui les souffriront, pourvu toutefois que la non-jouissance excéde le quart du prix de la Ferme, ou produit de la régie des Lieux qui auront souffert; & le Fermier sera obligé, nonobstant ladite prétention, & sans préjudice d'icelle, de remettre l'entier prix entre les mains du Trésorier de la Province, par voie de consignation, à peine d'y être contraint par les voies & rigueurs de son Contrat, jusqu'à ce que, Parties ouies, la liquidation des prétendues non-jouissances aye été reglée par les Etats ; fans lefquelles condition ladite Ferme ne lui feroit délivrée.

V.

S'IL y a contravention aux Articles ci-après, en tout ou en partie, lefdits Fermiers n'auront aucune garantie contre ledit Pays, mais feulement leur action contre ceux qui auront fait lefdites contraventions.

VI.

LE Fermier-général fera tenu d'élire domicile ès Villes de Touloufe & de Montpellier, où les affignations pourront lui être données, s'il y a lieu.

VII.

LES Fermiers feront tenus de porter à leurs fraix & dépens, les deniers de leur Ferme ès mains du Tréforier de la Bourfe.

VIII.

LE Corps de la Ville de Narbonne ne fera pas affermé avec le Diocefe, conformément aux Lettres-Patentes du Roi, données à Melun en l'année 1573 le 14 Septembre ; & ce, fans préjudice du droit des Parties, les requifitions & proteftations du Pays de Languedoc demeurant écrites.

IX.

IL fera loifible au Fermier-général de fous-affermer tels Diocefes, Villes & Lieux de la Province que bon lui femblera, & aux Sous-Fermiers de faire auffi des Arriere-Fermes, foit avant ou après le premier Avril 1776 ; jour auquel le Bail général doit commencer ; fans que dans aucun cas, le Fermier-général & lefdits Sous-Fermiers puiffent confier la régie des droits, ni admettre auxdites Sous-Fermes & Arriere-Fermes, des Perfonnes qui n'ayent leurs biens & leur domicile actuel &

ordinaire dans la Province ; & ce, fous peine de nullité des engagements qui feront pris, & de demeurer exclus de toute action contre lefdits Régiffeurs, Sous-Fermiers & Arriere-Sous-Fermiers, nonobftant toute promeffe ou condition contraire, laquelle fera de nul effet.

Entendent les Etats, que les Sous-Baux & Arriere-Baux, en quelque temps & à quelque époque qu'ils ayent été paffés, ne pourront être querellés après que les Preneurs feront entrés en jouiffance d'iceux ; & ce, nonobftant tout ce qui pourroit être oppofé après ledit jour contre la forme defdits Baux ou Traités, & nonobftant auffi toutes nouvelles offres & encheres, de quelque nature qu'elles foient, lefquelles ne pourront être reçues après ledit jour, & demeureront de nul effet, quand même elles auroient été refervées par lefdits Baux ou Traités, ou qu'il n'y auroit pas été renoncé, & quand même il auroit été introduit des inftances pour raifon de ce, lefquelles demeureront comme non-avenues, s'il n'y a été ftatué définitivement avant ledit jour où lefd. Sous-Fermiers feront entrés en jouiffance de leurs Baux, & le Jugement à eux fignifié dans le mois après la date d'icelui ; paffé lequel délai, lefdits Jugements demeureront de nul effet ; les Etats entendant par exprès, que tout litige ceffe au fujet des Sous-Fermes & Arriere-Fermes, & que les Traités en foient irrévocables après que les Preneurs feront entrés en jouiffance d'iceux fans trouble, ou que les Jugements qui les auront dépoffédés avant le jour de leur entrée en jouiffance, ne leur auront point été fignifiés dans le mois après leur date.

Comme auffi, que les Sous-Traités qui feront

faits après ledit jour premier Avril 1776, foient également irrévocables, & fortent leur plein & entier effet, nonobftant toutes offres ou furdites.

Laquelle irrévocabilité aura lieu au furplus en l'un & l'autre cas pour les Arriere-Sous-Fermiers, encore que les Sous-Fermes dont elles fe trouveront dépendre, fuffent adjugées par la fuite à la Fole-Enchere defdits Sous-Fermiers.

DROITS SUR LA VIANDE.

X.

TOUTE chair, foit fraîche ou falée, qui fera vendue en gros ou en détail, à poids ou autrement, fera fujette au droit de fix deniers pour livre prime ou d'un fol fix deniers pour livre carnaffiere, faifant trois livres primes, fans aucune exception pour la chair de Pourceau, ou Truye, fraîche ou falée, qui fera affujettie au même Droit; & pour le bétail vendu vif à poids, ne fera payé Droit d'Equivalent.

XI.

LES Bouchers, & autres Perfonnes faifant vente & commerce de viande, qui feront tuer la viande de boucherie dans les Villes & Lieux de la Province, feront tenus de payer lefdits Droits au Fermier dans fes Bureaux dans lefdites Villes & Lieux.

XII.

LES Confuls & Syndics des Villes & Lieux dudit Pays, ne pourront être contraints par le Fermier d'établir des boucheries; mais il fera loifible à un chacun d'en tenir, en payant le Droit d'Equivalent, pourvu que celui ou ceux qui voudront tenir ladite boucherie, foient reçus par les Confuls, Syndics, ou autres ayant charge de Police èfdites Villes & Lieux où ils voudront tailler pour la provifion des Habitants; & à défaut de boucherie clofe ou de Fourniffeur volontaire, aux conditions ci-deffus, les Fermiers auront la liberté de tuer ou faire tuer, & tenir banc de boucherie èfdites Villes & Lieux de ladite Ferme, à la charge toutefois de ne pouvoir vendre la chair qu'au plus bas prix des boucheries clofes les plus prochaines; & feront tenus les Fermiers qui voudront ufer de la liberté de vouloir fournir eux-mêmes de viande de boucherie, de fe conformer (ainfi & de même que tous ceux qui, en défaut de boucherie clofe, voudront tenir banc de boucherie) aux Réglements de Police concernant la débite de la bonne viande & le poids.

XIII.

NE pourront les Bouchers, & autres Perfonnes faifant vente & commerce de viande, égorger aucune bête, fans avoir auparavant appellé les Commis du Fermier; auquel effet, les Fermiers feront tenus, à la premiere requifition defdits Bouchers, ou autres faifant vente & commerce de viande, de faire le poids & contremarque dudit bétail tué, qu'ils écriront au Contrôle, tant pour fervir auxd. Bouchers, & autres faifant vente & commerce de viande, que pour eux, lequel Contrôle ils figneront incontinent; & en défaut de ce faire, il fera loifible auxdits Bouchers, & autres faifant vente & commerce de viande, d'appeller deux Prud'hommes non fufpects pour pefer ladite chair, & en payer le Droit d'Equivalent, fuivant le poids de ladite chair; duquel Contrôle, lefdits Fermiers ou leur Commis, feront tenus à l'avenir de donner copie, en étant requis, fans rien prendre ; & en cas de refus, ne fera foi ajoutée audit Contrôle, ni le Droit payé.

XIV.

IL fera loifible au Fermier d'ufer de telle marque qu'il avifera, pourvu d'ailleurs que cette marque foit telle qu'elle ne caufe aucun préjudice aux viandes, & n'en occafionne point le déchet ; comme aufli, qu'elle ne foit appofée, fuivant l'ufage, que fur les extrémités des quatre quartiers de la bête ; fe refervant les Etats, en conféquence, l'interdiction de ladite marque, telle qu'elle foit, s'il en réfulte le moindre dommage pour la viande ; auquel cas, le Fermier fera tenu d'en employer une autre qui n'occafionne aucun déchet de la viande, ni autre dommage.

XV.

IL fera permis aux Habitants dudit Pays d'aller ou d'envoyer quérir la chair, foit fraîche ou falée, & de quelque efpece de bête que ce foit, pour leur provifion tant feulement, hors des Villes & Lieux où ils demeurent, pourvu qu'au lieu où ils iront acheter ladite chair, il fe paye Droit d'Equivalent ; comme aufli, leur fera permis d'en aller acheter pour leur vivre & provifion tant feulement, ès Lieux où ledit Droit d'Equivalent ne fe leve point, en payant toutefois le Droit d'Equivalent, & à la charge, en ce dernier cas, d'en faire déclaration avant d'enfermer lefdites viandes ; & tout autre verfement d'un Lieu à un autre demeurant prohibé, à peine de confifcation & d'amende.

XVI.

ON ne payera Droit d'Equivalent des Pourceaux,

Bœufs, Vaches, & autre bétail qu'on tuera pour la provifion, fiançailles, nôces, obits, cantages, confrairies, meffes nouvelles, ou pour moiffons, ou autres cultures & labourages, bien que ledit bétail foit du crû, ou acheté pour faler ou manger frais, en quelque façon que ce foit, pourvu toutefois que ce foit fans dol ni fraude, & qu'il ne fe faffe aucun département dudit bétail ; & ne feront tenus les Particuliers qui tueront dans les cas ci-deffus énoncés, d'en faire aucune déclaration au Fermier, avant ni après avoir tué ledit bétail ; & dans le cas où le Particulier voudroit faire département de la viande qu'il ne pourroit confommer, il ne payera le Droit qu'à raifon de la partie qu'il ne confommera pas, en faifant en ce cas fa déclaration au Fermier avant faire le département.

XVII.

Ceux qui feront tuer lefdites bêtes fujettes au Droit d'Equivalent, fous prétexte de les vouloir pour leur ufage ou provifion, & puis les diftribueront à d'autres, feront tenus, avant que de les départir entr'eux, de les faire pefer & en payer le Droit d'Equivalent, comme fi elles avoient été vendues à la boucherie en détail ; & ce, à peine de confifcation & de l'amende.

XVIII.

Ne pourront, fous prétexte des difpofitions de l'Article XVI, les Communautés Regulieres & Séculieres, fans exception, les Hôpitaux & Hôtels-Dieu, les Entrepreneurs du tirage des fels dans la Maifon des Adoux, terroir de Beaucaire, ni ceux qui tiennent des Gens en fervice ou en penfion, faire tuer aucunes bêtes dans leur maifon d'habitation ou de campagne, même fous prétexte de labourages,

bourages, cultures ou moiſſons; mais ſeront tenus de ſe pourvoir aux boucheries publiques, ſoit du Lieu de leur réſidence, ou de tel autre où ſera payé le Droit; ce qui n'aura lieu néanmoins à l'égard des Fermiers des dîmes & domaines deſdites Communautés, leſquels jouiront, comme par le paſſé, des mêmes facultés dont jouiſſent les Fermiers des autres biens, ſans, au ſurplus, que l'excluſion portée par le préſent Article, puiſſe être étendue aux Manufactures, Forges ou Fabriques dont les Maîtres ou Régiſſeurs ſont dans l'uſage de nourrir les Ouvriers dans les enclos deſdites Manufactures, Forges ou Fabriques, leſquels continueront de jouir de la même liberté que les Habitants, de tuer pour leur proviſion ſeulement, ſans déclarations, tout dol & fraude ceſſant; les Etats n'entendant néanmoins que ladite exemption ait lieu à l'égard des Forges & Fabriques, où pour la commodité des Ouvriers, les vivres leur ſont fournis par des Prépoſés établis dans l'enclos deſdites Forges ou Fabriques, à un prix fixe, & ſelon le poids ou la meſure qu'ils en demandent; leſquels Prépoſés ſeront tenus, audit cas, d'acquitter les Droits qui ſe trouveront dus, & de faire les déclarations requiſes; & ne payeront, au ſurplus, les Hôpitaux & Hôtels-Dieu, le Droit ſur la viande, qu'à raiſon de quatre deniers pour livre prime, conformément aux anciennes Délibérations des Etats.

XIX.

LES Habitants pourront donner ou vendre les pieds, têtes & entrailles des bêtes qu'il leur eſt permis de tuer pour leur uſage ou proviſion, & pour feſtins ci-deſſus ſpécifiés, ſans que pour raiſon d'icelles têtes, pieds & entrailles, il ſoit payé aucun Droit d'Equivalent, le tout fans fraude.

X X.

NE fera payé Droit d'Equivalent des Canards, volailles, gibier, faucisses, pâtés, andouilles & Cochon de lait, ni auffi des Oyes & Oifons, fi ce n'eft qu'elles foient falées, & qu'il en foit fait commerce; auquel effet, les Mangonniers, Revendeurs & autres, qui font commerce defdites Oyes & Oifons, feront tenus de les raifonner & les exhiber au Fermier ou fes Commis, avant de les mettre en vente, & de payer le Droit de tout ce qui fera vendu & délivré ; fans que lefdits Mangonniers, Revendeurs & autres, qui font commerce defdites Oyes & Oifons, foient reçus à alléguer qu'ils en font préfent : & ne feront compris dans l'exemption des Droits accordés aux viandes énoncées ci-deffus, les faucissons qui demeureront affujettis au payement des Droits.

X X I.

LES têtes, pieds & entrailles des Bœufs, Pourceaux, Moutons & autre Bétail, qui feront vendus au poids, payeront en ce cas le Droit d'Equivalent, & non autrement ; & à l'égard des graisses, elles ne payeront pas le Droit d'Equivalent, lorfqu'elles feront détachées de la Bête, & qu'elles feront vendues féparément.

X X I I.

LES Chevrotiers, Agneliers & autres, qui tuent & revendent les Agneaux, en payeront le Droit fur le pied de fix deniers par livre, de quelque poids que foient lefdites Bêtes, qui feront à l'avenir réputées viande de boucherie, & traitées de même; & non les Chevreaux, qui continueront de jouir de l'exemption des Droits.

XXIII.

NE pourront les Bouchers & autres, faifant vente & commerce de viande, expofer en vente la chair des Bêtes qui doivent être foufflées, pour être écorchées, qu'elles n'ayent été tuées aux écorchoirs publics, dans les Villes & Lieux où il y en a eu d'établis jufqu'à préfent ; lefquels écorchoirs continueront d'êre fournis & entretenus aux fraix des Communautés ou autres qui en font Propriétaires ; & le Fermier ne pourra exiger qu'il en foit établi aux dépens des Communautés, dans les Lieux où il n'y en a pas eu par le paffé ; mais il lui fera loifible d'en établir à fes fraix & dépens, & fans qu'il en puiffe rien coûter aux Communautés pour l'acquifition du fol, conftruction ou entretien aux Lieux où il le jugera à propos, en obfervant qu'ils foient placés dans un endroit commode, dedans ou hors l'enceinte defdits Lieux, ainfi que les Officiers Municipaux exerçant la Police, l'exigeront ; & ne pourront au furplus lefdites Bêtes être foufflées, autrement qu'avec des foufflets deftinés à cet ufage.

DROITS SUR LE POISSON ET CHAIRS SALÉES.

XXIV.

TOUTE efpéce de Poiffon, frais ou falé, qui après avoir été acheté, fans rien payer, en gros ou en détail, des Pêcheurs premiers Vendeurs, immédiatement fur leur barque, foit aux bords de la mer, étangs ou rivieres, fera tranfportée ou vendue ailleurs, en quelque quantité qu'en foit faite la vente, en gros ou en détail, fera affujettie au droit de trente fols par quintal de fon poids ; & à cet effet, préfenté & raifonné avant que d'être mis en vente, aux Commis du Fermier, & en leur abfence aux Confuls des Lieux ; & ne fera payé aucun Droit pour les Huitres, Moules, Bigourres, Cancres, Ecreviffes, Grenouilles, Jol, Caramottes & Sivades, Coquilles ou Tenilles.

X X V.

Les Mangonniers, Revendeurs & autres, faifant le commerce de chairs falées, ne feront tenus de déclarer ni de payer le Droit à raifon des viandes qu'ils acheteront aux étaux publics des lieux de leur réfidence ; mais ne pourront lefdits Mangonniers, Revendeurs & autres, enfermer ni mettre en vente aucune autre Chair ou Poiffon fujets au Droit d'Equivalent, dans le lieu de leur deftination, fans les avoir préalablement raifonnés & exhibés auxdits Fermiers ou leurs Commis ; & il ne fera cenfé avoir été fait dol & fraude audit Droit, lorfqu'il aura été traité feulement de la vente defdites marchandifes, s'il n'en a été fait la délivrance,

X X V I.

Seront tenus lefdits Mangonniers & Revendeurs, de même que les Voituriers & Commiffionnaires qui recevront des marchandifes fujettes au Droit, en entrepôt ou par tranfit, de les déclarer aux Fermiers de l'Equivalent ou à leurs Commis, dans leurs Bureaux, avant de les enfermer dans leurs maifons & magafins, dans les lieux où les Fermiers auront un Bureau ouvert : & à l'égard des lieux où il n'y aura point de Bureau, lefdits Mangonniers ou autres, qui recevront lefd. marchandifes par entrepôt ou par tranfit, pourront les enfermer dans leurs maisons ou magasins, à la charge par eux de les aller déclarer au Fermier ou Commis, dans le Bureau d'où dépendra le lieu de l'entrepôt, dans les vingt-quatre heures après l'enfermement desdites marchandises, lorsqu'il n'y aura qu'une lieue de distance, ou dans le délai de deux fois vingt-quatre heures, lorsque ladite distance sera plus grande : & seront les déclarations fournies, dans le cas de cet Article & du précédent, accompagnées d'une ampliation de la lettre de voiture ; & lesdites marchandises, ou denrées arrivées par entrepôt ou transit, seront sujettes au Droit, comme étant censées, pour le compte de celui qui les aura reçues, après avoir séjourné plus d'un mois dans le lieu de leur arrivée.

XXVII.

Les Négociants & Marchands de Sette, jouiront de la faculté d'entrepôt pour le Poisson salé qu'ils recevront pour leur compte ou par commission, ou qu'ils acheteront dans le Port à bord des Vaisseaux & autres Bâtiments de mer, pendant le délai de trois mois, à compter du jour de la reception, sans qu'il soit besoin que le connoissement fasse mention du nom du Propriétaire, ni qu'il soit énoncé qu'il est destiné pour une autre Ville.

Il leur sera permis, pendant ce délai de trois mois, d'expédier le Poisson qu'ils auront reçu par entrepôt, pour toutes les autres Villes & Lieux de la Province, sans payer aucun Droit.

Les Capitaines des Navires pourront aussi décharger & mettre en magasin leurs morues & autre poisson salé, & les expédier dans l'intérieur de la Province, dans le même délai, sans payer aucun Droit.

Pour jouir de ladite faculté d'entrepôt, les Marchands & les Capitaines des Navires seront obligés de faire leur déclaration au Bureau du Fermier, & d'appeller son Commis, pour vérifier la marchandise, & en constater la qualité & quantité, avant de la mettre en magasin, à peine de confiscation & d'amende.

Ils seront tenus sous les mêmes peines, de faire une nouvelle déclaration, & d'appeller les Commis, lorsqu'ils voudront expédier en tout ou en partie la marchandise qu'ils auroient déclaré pour entrepôt.

Le terme de la durée dudit entrepôt, sera de six mois pour tout le salage fait dans la Ville de Sette.

Enfin, il sera loisible au Fermier de faire des visites chez les Marchands & Négociants, même pendant le temps de l'entrepôt; & s'ils ne lui représentent point toute la marchandise qu'ils auront déclaré, ils seront tenus de lui payer le Droit d'Equivalent de la quantité qui manquera.

XXVIII.

POURRONT les Fermiers, Sous-Fermiers & leurs Commis, faire leurs visites chez les Mangonniers & Revendeurs, soit pour y faire inventaire, si bon leur semble, des chairs prises aux étaux publics, dont le Droit a été payé par le premier Vendeur, soit pour y recevoir la déclaration que lesd. Mangonniers, Revendeurs & autres, seront tenus de faire audit Fermier des autres Chairs & Poissons sujets au Droit d'Equivalent, qui sont dans leurs boutiques, magasins & ailleurs, pour être marquées, & en être payé ledit Droit, à proportion de la vente desdites marchandises.

DROITS SUR LE VIN.

XXIX.

Les Habitants du Pays ne payeront Droit d'Equivalent du Vin de leur crû, en quelque part qu'il foit levé & cueilli, foit au-dedans ou au-dehors de la Province de Languedoc, & en quelque lieu qu'ils le vendent ou faffent vendre, en gros ou en détail, de même que les Taverniers, ou ceux qui, moyennant falaire, vendent ledit Vin du crû, & pour le compte defdits Habitants ; à condition toutefois, 1°. Que la vente en foit faite au lieu où le Vin aura été recueilli, ou que les Propriétaires dud. Vin ayent Maifon en propriété dans la Ville ou Confulat où la vente en fera faite, ou bien que lefdits Propriétaires du Vin y foient domiciliés, ou que leurs familles, ou du moins le Chef d'icelle, habite pendant fix mois chaque année au lieu de la vente.

2°. Que les Vendants du Vin ne faffent ni ne fouffrent affiette des Buveurs ; laquelle ne fe pourra entendre que de ceux qui adminiftreront aux Buveurs, nappe, viande, fel, couteaux, pain de toute efpéce, même des croutes ou gateaux, ou qui fouffriront que les Hôtes, Cabaretiers, & tous autres qui font le débit d'aliments, de quelque efpéce qu'ils puffent être, les portent eux-mêmes ou les faffent porter par leurs Domeftiques ou autres Perfonnes à ce prépofées, dans les Caves ou Maifons où fera vendu ledit Vin du crû ; comme auffi, que les Vendeurs faffent cuire ou rechauffer de la Viande ou Poiffon, ou fouffrent qu'on en cuife ou rechauffe au feu qui fera dans les endroits où ils vendront le Vin à petites mefures, ni permettent que les Buveurs apportent du dehors des rechauts pour y faire cuire ou rechauffer lefdites Viandes ou Poiſſon, ni des nappes ou ſerviettes; ſans que leſdits Vendeurs, qui ne feront ni ne ſouffriront aucune des choſes ci-deſſus ſpécifiées, puiſſent être recherchés ni actionnés, lorſque les Buveurs apporteront eux-mêmes de quoi manger, le tout ſans abus: & ſera permis auxdits Vendeurs du Vin du crû, de fournir bancs, chaiſes, tables, pot, verre & eau pour boire toute ſorte de Vins, même de faire rincer les verres & verſer à boire aux Buveurs, les portes ouvertes ou ſimplement pouſſées, ſans être fermées, de maniere que l'entrée en demeure libre.

XXX.

La vente en détail ne pourra être faite que dans la baſſe-cour, paſſage, & autres piéces au bas des Maiſons, les portes ouvertes ou ſeulement pouſſées, de maniere que l'entrée en demeure libre; & néanmoins l'uſage où ſont les Habitants en certains lieux, de vendre ledit Vin au premier étage de leurs maiſons, ſera permis à l'égard ſeulement de ceux deſdits Habitants dont le bas des maiſons n'a point ſervi, & ne peut point ſervir à ladite vente du Vin en détail; à la charge que les portes, tant de la maiſon que de l'endroit où ſe fera ladite vente, demeureront ouvertes, ou pouſſées, ainſi qu'il eſt dit ci-deſſus, pendant la vente; & ne pourront ceux qui vendront le Vin être mis en peine, encore que les Buveurs ſe mettent dans la rue.

XXXI.

Les Particuliers ne pourront vendre le Vin que dans la Maiſon où il aura été mis en Cave: & au cas ils veuillent le vendre dans une autre Maiſon,

ils

ils ne pourront le faire transporter au Lieu de la vente, qu'en Tonneaux, Outres, Brindes, ou autres Vases de contenance au moins d'un quintal chacun poids de marc.

XXXII.

Pourront lesdits Habitants vendre le Vin de leur crû en détail, & en acheter d'autre pour la dépense de leur Maison seulement; lequel Vin acheté, ils seront tenus de déclarer avant de l'enfermer, & de le mêler avec le Vin du crû, afin que le Fermier puisse, si bon lui semble, en faire marquer les Tonneaux; sinon, faute par l'Habitant d'avoir fait ladite déclaration, le Vin du crû demeurera sujet au Droit d'Equivalent, de la même maniere que le Vin acheté pour tout ce qui en sera vendu en détail, sans qu'il puisse être sujet à aucune peine : Et néanmoins, ceux desdits Habitants qui ne renfermeront point sous le même toit le Vin acheté avec celui du crû, ne seront point sujets à le déclarer, sauf dans le cas de la vente en détail.

Pourront aussi les Habitants donner leur Vin à vendre à des Taverniers, auxquels il sera libre de prendre le Vin de plusieurs Particuliers; à la charge toutefois par lesdits Taverniers, de déclarer aux Commis du Fermier, le nom des Propriétaires des Vins, & la qualité de ceux qu'ils recevront dans leurs Caves ou Céliers avant de les enfermer; comme aussi, de déclarer le jour qu'ils mettront en vente lesdits Vins; & ce, à peine de l'amende de cinquante livres, & du paiement de la valeur des Vins surpris en fraude; sans néanmoins que le Propriétaire du Vin soit tenu de remettre aucune piéce à cet égard au Vendeur du Vin, & de répondre desdites condamnations, ni à aucune peine ou garantie pour les fraudes que le Tavernier pourroit faire dans la vente des Vins.

XXXIII.

Si la Vendange ou Vin d'aucun dud. Pays eſt ſaiſi pour dette, & après racheté par lui, il le pourra vendre en menu, ſans payer le Droit d'Equivalent.

XXXIV.

Les Poſſeſſeurs des Vignes par Bail à Locaterie perpétuelle, en ſeront réputés Propriétaires, & ne payeront Droit d'Equivalent comme les autres Propriétaires, leſquels ne payeront auſſi Droit d'Equivalent lorſqu'après avoir baillé à travailler leurs Vignes à moitié fruits ou autrement, ils prendront en paiement la portion du Vin échu aux Vignerons pour la culture deſdites Vignes, pourvu qu'ils ne faſſent ni ſouffrent aſſiette de Buveurs, ſuivant l'Art. XXIX.

XXXV.

Seront exempts du Droit d'Equivalent, le Laboureur ou Vigneron qui prendra à labourer ou cultiver les Vignes d'autrui, à moitié ou autre portion des fruits, pour le Vin qui proviendra de ſa part ou portion, à raiſon de ſon travail & culture fait par lui, de ſes bras ou autre de ſon eſpece qui lui aidera; & ne ſeront tenus leſdits Vignerons, raiſonner au Fermier le Vin ci-deſſus expliqué, ni en payer aucun Droit d'Equivalent.

XXXVI.

Ne pourront être cenſés Vignerons, les Bourgeois ou autres de toute eſpece qui ne travailleront pas la Vigne par eux mêmes, mais bien par des Gens loués; leſquels Bourgeois, en ce cas, doivent être regardés comme Fermiers, & par conſéquent ſujets au Droit d'Equivalent.

XXXVII.

Tous Rentiers de Bénéfices & autres Biens temporels, soit en argent ou en fruits, payeront Droit d'Equivalent du Vin & autres Denrées sujettes aud. Droit, provenant desdites Fermes, lorsqu'ils les vendront en détail; auquel Droit ne seront tenus les Seigneurs Ecclésiastiques, Seigneurs Gentilshommes, & autres Propriétaires, soit que lesdits Fruits proviennent du Domaine de leurs Biens, soit qu'ils proviennent des Bénéfices, Prémices, Dîmes, Offrandes ou autrement, & en quelque maniere que ce soit, ni même lorsqu'ils les prendront en paiement de leurs Fermes.

XXXVIII.

Ne seront tenus audit Droit ceux qui baillent du Vin aux Mercenaires pour leur boisson tant seulement, pendant le temps qu'ils travaillent pour eux, ni les Concierges des Prisons pour le Vin des Prisonniers.

XXXIX.

Les Boulangers, Mangonniers & Fenassiers, pourront vendre le Vin de leur crû sans payer le Droit d'Equivalent, pourvu qu'ils ne fassent assiette de Buveurs, suivant l'Art. XXIX.

XL.

Pourra le Fermier, pendant trois mois au plus tard après les vendanges, faire procéder par deux Commis au moins, à l'Inventaire des Vins recueillis par les Habitants, & faire à cet effet une premiere visite, tant dans les Métairies & Domaines situés hors des Villes & Villages, que dans les Celiers ou Caves des Maisons desdites Villes & Villages où aura été portée & faite la vendange, pour recevoir des Propriétaires des Vins, leurs Fermiers ou Agents, les déclarations de la quantité du Vin provenu dans leurs fonds, sans qu'il puisse être question de la situation ni contenance des Vignes qui l'ont produit : & seront lesdits Inventaires inserés dans un Régistre où les Commis signeront & feront signer par les Propriétaires, les Fermiers ou Agents, les Articles les concernant ; sinon sera fait mention de leur absence, refus, ou déclaration de ne sçavoir signer après les avoir interpellés, auquel cas seront signés par deux témoins ; desquels Articles il sera baillé copie signée à ceux qui auront fait déclaration, dont le Régistre sera chargé, à peine de nullité ; & sans que lesdits Déclarants soient tenus d'aucuns frais à cette occasion, pas même du papier timbré, s'il en est employé.

Pourra aussi le Fermier faire, si bon lui semble, une seconde visite chez le Vendeur du Vin du crû, lors de la vente seulement, & non autrement, sans qu'à l'occasion de ladite visite ou vente, ni sous aucun prétexte, ledit Fermier ou ses Commis puissent exiger aucune déclaration, ni user de marque des Tonneaux, de gustation du Vin, ou autres voyes permises & licites à l'égard des Vins des Hôtes & Cabaretiers, ou autres qui sont sujets au paiement du Droit : & seront tenus les Habitants & Vendeurs du Vin du cru, de quelque état & condition qu'ils soient, sans exception, de souffrir lesdites visites & Inventaires, & de faire à cet effet l'ouverture de leurs Caves & Celiers aux Commis du Fermier, sous peine d'une amende qui ne pourra être moindre de dix livres, ni plus forte de cinquante livres, suivant l'exigence des cas.

XLI.

Les Marchands Forains & Etrangers, trafiquant

& apportant du Vin de leur crû, ou acheté & le vendant en gros, ne feront tenus de payer le Droit d'Equivalent, pourvu que la vente par eux faite, foit au moins de demi-charge de Cheval, Mulet ou Mule ; lequel, s'ils le vendent en détail, & en moindre quantité que ladite moitié de ladite charge, devra Droit d'Equivalent, s'il n'eſt compofé avec le Fermier.

XLII.

Lesdits Marchands ou Muletiers ne pourront enfermer ni mettre en vente ledit Vin, fans l'avoir préalablement raifonné & exhibé audit Fermier ou à fes Commis ; & il ne fera cenfé avoir été fait dol & fraude audit Droit, lorſqu'il aura été traité feulement de la vente dudit Vin, s'il n'en a été fait la délivrance.

XLIII.

Les Hôtes & les Cabaretiers, Patiffiers & Rotiffeurs, paieront le Droit d'Equivalent de tous les Vins fans exception qui fe confommeront ou fe vendront en détail dans leurs Hôteleries ou Cabarets, & autres Lieux où ils exercent leur profeſſion, à la charge par les Hôtes-majeurs de raifonner & déclarer la vente de leurs Vins, fur le même pied des Hôtes-mineurs ; auxquels Hôtes-majeurs, Cabaretiers, Patiffiers, Rotiffeurs, & autres qui vendront du Vin en détail fujet audit Droit, fera déduit pour leurs boiffons, de leurs Femmes, Enfants & Valets, lies, coulages, remplages, le dixieme dudit Droit, fuivant l'uſage reçu dans la Province : & pour tout le furplus ils en payeront le Droit de fixieme, fur le pied de la vente qu'ils en auront fait, & les quatre fols pour livre par augmentation dudit Droit ; & ne pourront lefdits Hôtes, Cabaretiers, &

ceux qui en font commerce, s'en pourvoir ni transporter chez eux avec cruches ou autres vafes, fans le confentement du Fermier, & en payant les Droits; & feront réputés majeurs, tous Hôtes qui donnant à manger, donnent auffi des Lits & ont des Ecuries; & ce, encore qu'ils comptent à piéce ou de quelqu'autre maniere que ce foit.

XLIV.

Les Hôtes & Cabaretiers du Pays de Velay & Gevaudan, payeront le Droit d'Equivalent pour tout le Vin qu'ils débiteront dans leurs Cabarets, quoiqu'il foit Vin prim, ou mêlé avec du Vin étranger, ainfi qu'il fe pratique dans toute la Province.

XLV.

Les Parfumeurs, & autres qui vendent du Vin Mufcat & autre Vins de liqueur, qui ne font pas de leur crû, payeront le Droit d'Equivalent pour raifon defdits Vins, lors toutefois que ladite vente fera faite en détail, c'eft-à-dire, en moindre quantité que demi-charge, compofée de quarante bouteilles pinte de Paris, ou foixante bouteilles chopine de Paris, expédiées à la fois en une ou plufieurs caiffes; & feront lefdits Parfumeurs & autres qui voudront faire lefdites ventes en détail, tenus en ce cas, de faire déclaration au Fermier des Vins qu'ils acheteront, avant de les enfermer chez eux; à laquelle déclaration ne feront tenus en aucun cas lefdits Parfumeurs & autres, qui ne vendront lefdits Vins qu'en gros.

XLVI.

Les Arrêts donnés touchant la prohibition des Tavernes, fortiront leur plein & entier effet, fans que pour l'obfervation d'iceux, les Fermiers puifsent prétendre aucune diminution de prix, dépens, dommages & intérêts.

EXPLOITATION DE LA FERME.

XLVII.

Les Fermiers établiront leurs Bureaux aux Villes Capitales de chaque Diocese, auxquels Eux ou leurs Commis, feront actuelle résidence à la fin de chaque Quartier, pour recevoir le paiement des Sous-Fermiers : & lorsqu'ils se serviront d'Huissiers, ils ne pourront les prendre que des Villes & Lieux où les exécutions se feront, ou dans les Lieux les plus proches, sans distinction d'Huissiers Royaux ou Banerets ; & lorsqu'ils feront plusieurs exécutions dans un même jour, audit cas, ils ne seront payés que du salaire d'un jour pour toutes lesdites exécutions : & où lesdits Sous-Fermiers ne trouveront ledit Fermier Principal ou ses Commis auxdits Bureaux (ce qu'ils seront tenus de constater par un Certificat des Consuls du Lieu), en ce cas, lesdits Sous-Fermiers demeureront valablement déchargés en consignant les sommes par eux dues, entre les mains desdits Consuls ou autres Personnes solvables : dequoi sera dressé Procès-verbal pour être notifié au Domicile desdits Fermiers.

XLVIII.

Tous les Habitants des Villes, Lieux & Cantons de la Province, même les Soldats Invalides & Suisses qui font Hôtelerie ou Mangonnerie, seront sujets au Droit d'Equivalent, conformément aux présents Articles, sans aucune exception, & nonobstant toutes immunités & priviléges à ce contraires, excepté la Ville de Beaucaire, pendant la durée de la Foire seulement; la Cité de Carcassonne & la Châtellenie des Tours Cabardés, qui ne payeront que le tiers desdits Droits, suivant l'Arrêt du Conseil du 26 Mars 1770, & les Communautés de Chalabre, Puivert, Nebias, & autres composant la Terre privilégiée dans le Diocèse de Mirepoix, qui en ont été déchargées par Arrêt du Conseil du 7 Février 1774.

XLIX.

NE payeront Droit d'Equivalent, les Habitants dudit Pays, qui tiendront Pensionnaires, en quelques Villes & Lieux de la Province que ce soit, mais seulement les Hôtes & Cabaretiers.

L.

ET nul Habitant, tenant Pensionnaires, ne pourra se servir de ladite exemption s'il reçoit chez lui des Marchands, Voituriers, Muletiers fréquentant Foires & Marchés, & autres Passagers de quelque qualité & condition qu'ils soient, sauf lorsqu'ils séjourneront pour leurs affaires particulieres plus de trois jours; & ne pourront aussi lesdits Habitants tenant Pensionnaires, tenir dans leurs Maisons des Gens à Cheval, ni avoir ailleurs des Ecuries pour des Chevaux, ou autres Bêtes de Voiture de leurs Pensionnaires, sous quelque prétexte que ce soit: & les Fenassiers, ou autres Personnes qui font cette profession, pourront recevoir dans leurs Ecuries, les Chevaux, Mules, Mulets & autres Bêtes, & les affener du foin, avoine & autres choses nécessaires à l'usage desdites Bêtes, le tout sans dol ni fraude, & sans qu'ils puissent, sous quelque prétexte que ce soit, donner à manger aux Maîtres Voituriers & autres Etrangers, qu'ils pourront seulement coucher, ni mettre des Enseignes,

comme

comme font les véritables Hôtes, mais seulement un peu de foin au-devant de leur porte pour marquer l'affenage, sous les peines portées par le présent Réglement.

LI.

Pour prévenir les fraudes auxquelles l'exécution énoncée en l'Article L. ci-dessus, peut donner lieu, tous ceux qui voudront en jouir, sous prétexte qu'ils ne tiendront que des Pensionnaires, ne pourront mettre aucunes Enseignes, mais seulement un Ecriteau sur la porte de leur Maison, avec ces mots: *Ici l'on tient Pensionnaires*.

LII.

Tous Soldats, Cavaliers, Dragons cazernés, ou non cazernés, ne pourront faire Cabaret vendre aucun Vin, Poisson ni Marchandises sujettes au Droit d'Equivalent, débiter aucune Viande de Boucherie, même en tuer pour leur propre usage; & les Habitants, Cabaretiers, & autres Personnes ne pourront acheter desdits Soldats, ni Vin, ni Viande, ni autres Marchandises sujettes à l'Equivalent, ni prendre ailleurs qu'aux Boucheries publiques, de Viande, à peine contre les Habitants, de l'amende, qui ne pourra être moindre de cent livres ni modérée, & contre les Soldats, de punition corporelle, le tout conformément aux Ordonnances de MM. les Commandants & Intendants de la Province; comme aussi lesd. Soldats, Cavaliers & Dragons qui seront en quartier dans les Villes de cette Province, ne pourront aller prendre de la Viande aux Boucheries des Lieux voisins, pour la porter dans les Villes, sous les mêmes peines.

LIII.

Lesdits Fermiers pourront prendre le Droit

d'Equivalent fur tous les Habitants de la Ville de Touloufe, fuivant l'Accord & Tranfation faite & paffée entre les Capitouls & ledit Pays, fans que les Capitouls puiffent exempter aucune Enfeigne, ou autres chofes par eux prétendues, fuivant lefdits Accord & Tranfaction ; & la Chair fera pefée & marquée en ladite Ville de Touloufe, comme en tous autres Lieux du Pays de Languedoc ; lefquels Capitouls & Adminiftrateurs de la Ville de Touloufe, préfents & à venir, feront tenus de conferver les deux Ecorchoirs déjà établis dans ladite Ville pour le gros bétail & menu, & d'en fournir encore un pour les Agneaux, ou deux, fi les Capitouls le trouvent à propos, & que la commodité publique le requiere.

LIV.

Les denrées fujettes au Droit qui fe vendront par plufieurs fois en mêmes Villes ou Villages, foit en gros ou en menu, ne payeront qu'une feule fois le Droit d'Equivalent, lors de la vente qui en fera faite, à proportion de ce qui fera vendu ; & ledit Droit fera payé autant de fois que la Marchandife fera revendue, lorfque la vente en fera faite en différents Lieux, foit en gros ou en détail.

LV.

Et ne pourront lefdits Fermiers, prendre autres Droits des Habitants de la Province, que ceux contenus aux préfents Articles, foit pour Droit de Quittance, ou pour quelque prétexte ou occafion que ce foit, à peine de concuffion & reftitution de ce qu'il aura mal exigé, & de cinquante livres d'amende, payables incontinent & fans délai, dépens, dommages & intérêts.

L V I.

CELUI ou ceux à qui la Ferme sera adjugée, ensemble les Sous-Fermiers & Arriere-Fermiers, ne pourront se pourvoir pour tous les Différends & Procès qui pourront naître à l'occasion de l'exécution, des Articles contenus au présent Réglement; comme aussi à raison de la perception des Droits, & généralement de tout ce qui a rapport à l'exploitation de lad. Ferme, tant au Civil qu'au Criminel, que pardevant les Juges-Conservateurs du Droit d'Equivalent, en premiere Instance, & par appel en la Cour des Aides de Montpellier, sauf pour les Procès qui surviendront entre lesdits Fermiers, Sous-Fermiers & Cautions, pour raison de leurs Fermes seulement, & des Actes ou Ecrits faits au sujet desdites Fermes, qui doivent être portés en premiere Instance en ladite Cour, le tout conformément aux Articles de la Déclaration du Roi du 20 Janvier 1736; sans que sous prétexte de parenté, alliance d'aucuns des Intéressés, ni autrement, pour quelque cause & prétexte que ce soit, lesdits Procès puissent être évoqués, ni les Juges récusés, conformément à la Déclaration du Roi du 30 Janvier 1721, & à l'Arrêt du Conseil du 10 Septembre 1737.

L V I I.

LORSQU'IL écherra amende pour dol ou fraude, ladite amende sera au profit du Fermier, & sera arbitrée par le Juge, suivant l'exigence des cas, sans néanmoins qu'elle puisse être moindre de dix livres, ni plus forte de cinquante livres pour la premiere contravention, de cent livres pour la seconde, & de cent cinquante livres pour la troisieme; lesdites amendes seront payables nonobstant l'appel, & sans y préjudicier : & à l'égard des Gens sans aveu &

Vagabonds, contre lesquels l'amende ne peut être répétée, ils seront poursuivis criminellement, suivant l'exigence des cas ; sans que les dispositions de cet Article puissent déroger à ce qui est porté par l'Article LIII, au sujet de l'amende de cent livres dans le cas porté par ledit Article.

LVIII.

Foi sera ajoutée aux attestations qui seront faites en jugement devant les Juges Royaux & Ordinaires, ou devant les Consuls des Lieux où le Vin porté pour être vendu aura été recueilli.

LIX.

Comme aussi, foi sera ajoutée aux Verbaux des Commis & Employés à la levée dudit Droit, qui auront serment en Justice, jusqu'à l'inscription en faux ; & à l'égard des Sous-Fermiers des Lieux particuliers, jusqu'à la somme de 500 livres seulement ; ils pourront faire leurs Procès-verbaux, en cas de fraude, auxquels il sera ajouté foi, comme à ceux des Commis, pourvu que lesdits Verbaux des Sous-Fermiers soient signés par les Consuls ou par deux Témoins, à la charge par lesdits Sous-Fermiers de prêter serment.

LX.

Les Commis qui seront présentés par le Fermier-général ou par les Sous-Fermiers, & dont ils demeureront civilement responsables, ne pourront être Parens, Associés, ni Participants à la Ferme, à peine de 100 liv. d'amende contre le Fermier ; lesquels Commis prêteront serment de bien & dûment faire leurs fonctions, pardevant les Juges-Conservateurs du Droit d'Equivalent, ou pardevant les Juges des Lieux où résideront lesd. Commis, lors seulement que lesdits Lieux seront éloignés au-delà de quatre lieues des Villes où les Sieges desdits Juges-Conservateurs seront établis; à la charge néanmoins de faire regiſtrer les Verbaux de leur ferment aux Greffes des Hôtels-de-Ville des Lieux où lefdits Commis doivent exercer leurs fonctions; lequel enregiſtrement fera fait fans fraix.

LXI.

Les Adjudicataires des Sous-Fermes dont le prix excédera cinq cent liv., enſemble les Directeurs dans les Villes Chefs des Dioceſes, & les Commis ayant ferment en Juſtice, dont le nombre fera fixé par un état qui fera arrêté par l'Aſſemblée des Etats, demeureront exempts de toutes charges perſonnelles, comme tutelles, curatelles, féqueſtrations, collectes & autres, conformément à l'Arrêt du Conſeil & Lettres-Patentes du 17 Octobre 1739, regiſtrées en la Cour des Comptes, Aides & Finances de Montpellier, le 2 Décembre de la même année.

LXII.

Ne fera payé, comme par le paſſé, pour Droits de reception du ferment defdits Commis, que vingt fols au Juge & dix fols au Greffier; & pour la reception des Verbaux de fraude & autres faits pour la régie de la Ferme, que dix fols au Juge & cinq fols au Greffier.

LXIII.

Ne fera loiſible aux Mangonniers & Bouchers, d'ouvrir leurs Boutiques, ni tailler ou expoſer en vente aucune Chair ès jours de vendredi, carême, vigile des fêtes, & autres temps prohibés par l'Egliſe Catholique, Apoſtolique & Romaine, ſi ce n'eſt le ſamedi, ſuivant l'ancienne coutume de l'Egliſe, hors en cas de néceſſité ou de permiſſion, fous peine de confifcation de ladite Chair aux Hôpitaux-généraux des Lieux, & de l'amende de cinquante liv., moitié au Roi, & moitié aux Pauvres defdits Hôpitaux, laquelle ne pourra être modérée.

LXIV.

Si les Bouchers, Poiffonniers, Taverniers & autres, font indûment accufés & pourfuivis par lefdits Fermiers, iceux Fermiers feront condamnés, fi le cas y échoit, à l'amende.

LXV.

SERONT tenus les Fermiers, Sous-Fermiers & Arriere-Fermiers, de notifier le Verbal fur lequel ils entendent fe pourvoir pour fait de contravention, au Syndic du Diocefe lors de l'introduction de la premiere inftance, & au Syndic-Général lors de l'affignation en appel, pour qu'ils puiffent intervenir, s'il y a lieu, dans les inftances, & de juftifier devant les Juges, lors de la contestation en caufe, de ladite notification, à peine par lefd. Fermiers, de ne pouvoir répéter les frais qu'ils auront faits avant la notification defdits Verbaux; laquelle notification fuffira, fans qu'il foit permis au Fermier de faire affigner ni fommer lefdits Syndics des Diocefes ou le Syndic-Général, pour intervenir ou affifter au Jugement d'aucune inftance.

LXVI.

NE feront foi aucuns Articles de l'Equivalent, en Jugement ni dehors, s'ils ne font fignés & collationnés par le Greffier des Etats, & non autre.

LXVII.

LES Articles contenus au préfent Réglement, auront feuls force & vigueur, & tiendront lieu de tous autres, fans que les Fermiers, ni le Sous-Fermiers, ou Arriere-Fermiers puiffent s'aider d'aucun autre Réglement antérieur, fous quelque dénominàtion qu'il ait été fait, & fans qu'ils puiffent en pourfuivre des nouveaux pour la perception des Droits ou autrement, même dans le cours, & à l'occafion d'une inftance particuliere, & fous prétexte d'explication des Articles du préfent Réglement, qu'après que l'Affemblée des Etats aura délibéré fur les repréfentations du Fermier.

Il pourra néanmoins être fait par les Etats dans les premiers jours de leur prochaine Affemblée, avant qu'il foit procédé à la reception des offres pour l'adjudication, tels changements & additions qu'ils jugeront à propos aux Articles ci-deffus, ainfi qu'ils fe le font expreffément refervés par la Délibération qui les a approuvés.

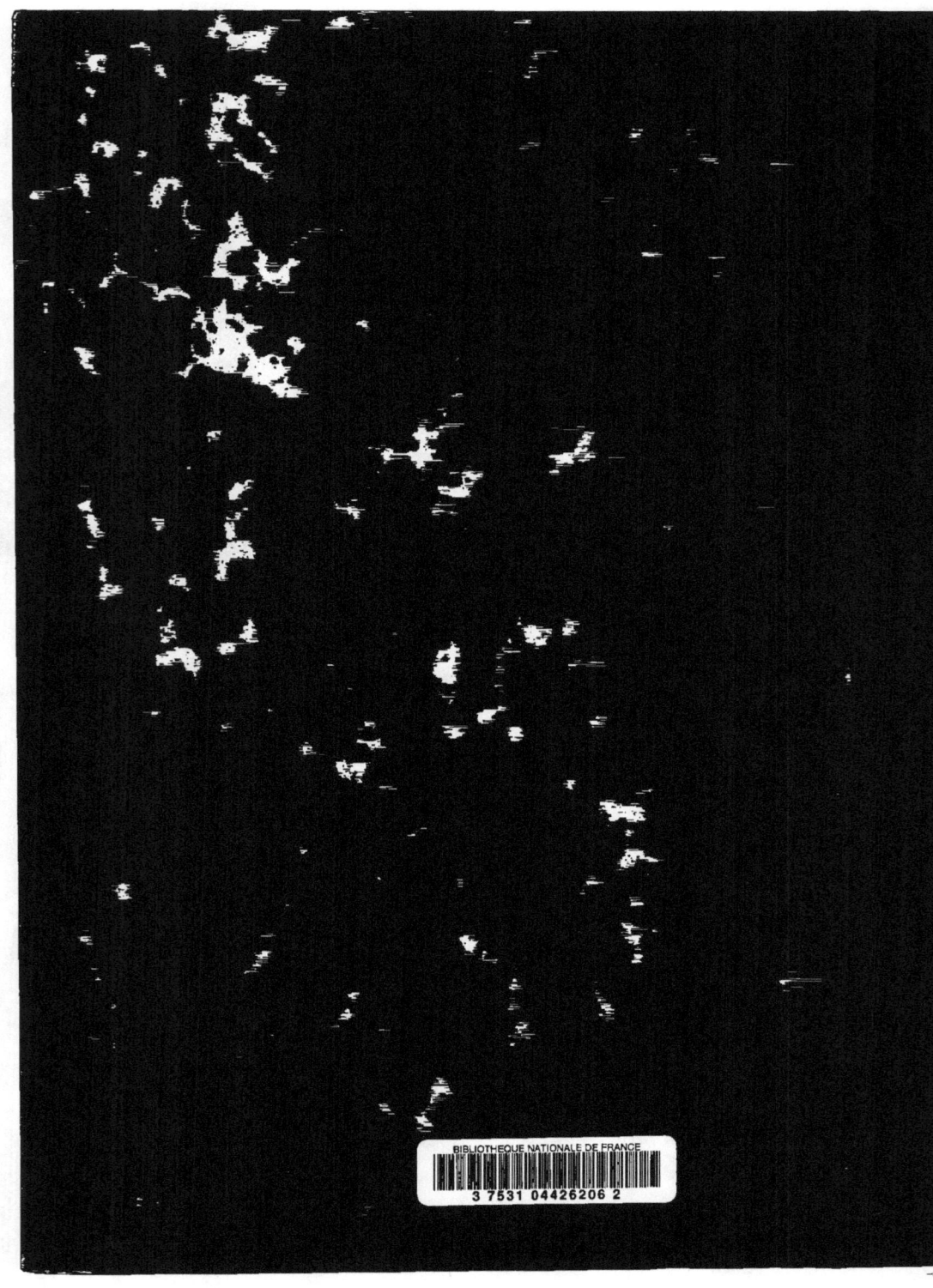

www.ingramcontent.com/pod-product-compliance
Lightning Source LLC
Chambersburg PA
CBHW060458050426
42451CB00009B/715